Impressum
Verlag: BABADADA GmbH, Nedderfeld 112 , 22529 Hamburg
Geschäftsführer / Verlagsleitung: Harald Hof
Druck: Books on Demand GmbH, In de Tarpen 42, 22848 Norderstedt

Imprint
Publisher: BABADADA GmbH, Nedderfeld 112 , 22529 Hamburg, Germany
Managing Director / Publishing direction: Harald Hof
Print: Books on Demand GmbH, In de Tarpen 42, 22848 Norderstedt

# škola

# shule

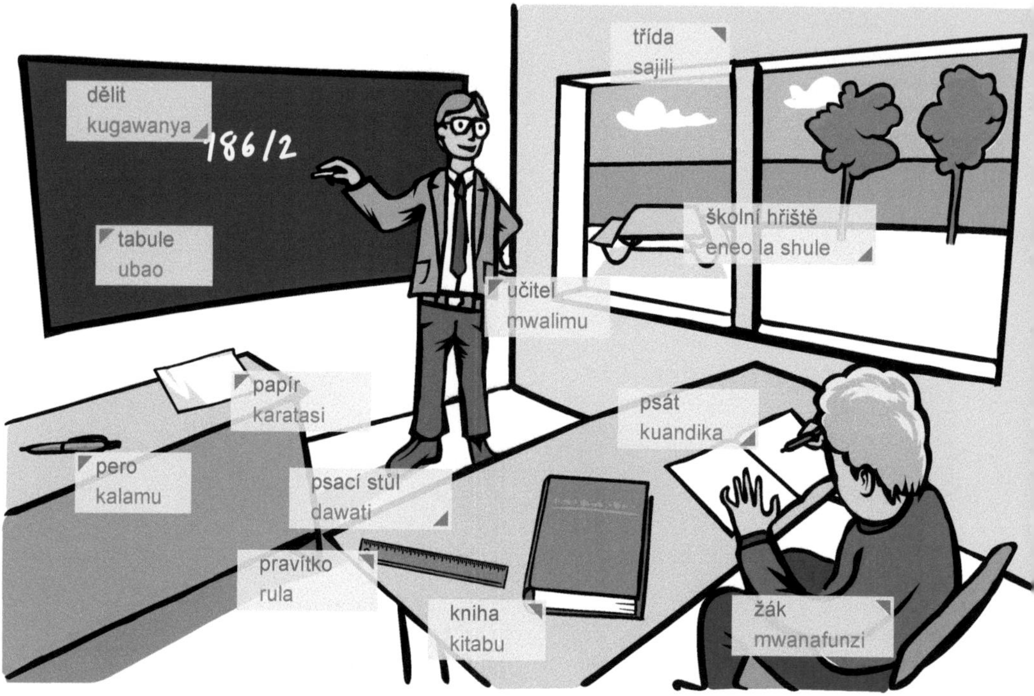

dělit
kugawanya
186/2
tabule
ubao
třída
sajili
školní hřiště
eneo la shule
učitel
mwalimu
papír
karatasi
psát
kuandika
pero
kalamu
psací stůl
dawati
pravítko
rula
kniha
kitabu
žák
mwanafunzi


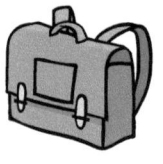

aktovka

mkoba

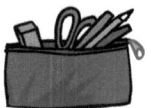

penál

kikasha cha penseli

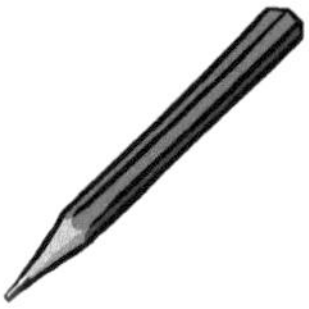

tužka

penseli

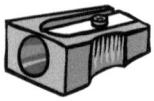

ořezávátko

kichonga penseli

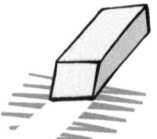

guma

mpira

blok na kreslení

pedi ya kuchora

výkres

uchoraji

štětec

brashi ya rangi

malířské potřeby

sanduku la rangi

nůžky

mkasi

lepidlo

gundi

cvičebnice

daftari

domácí úkol

kazi ya nyumbani

počet

nambari

sčítat

jumlisha

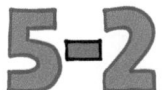

odčítat

ondoa

násobit

zidisha

počítat

kokotoa

písmeno

barua

abeceda

alfabeti

slovo

neno

text

maandishi

číst

kusoma

křída

chaki

hodina

somo

třídní kniha

sajili

zkouška

uchunguzi

vysvědčení

cheti

školní uniforma

sare za shule

vzdělání

elimu

encyklopedie

elezo

univerzita

chuo kikuu

mikroskop

darubini

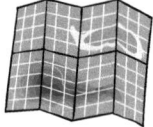

karta

ramani

odpadkový koš na papír

kikapu cha kuweka karatasi chafu

# cesta
# usafiri

hotel
hoteli
Grand
ubytovna
hosteli
ROOMS
směnárna
ofisi ya ubadilishanaji
EXCHANGE
kufr
sanduku
auto
gari


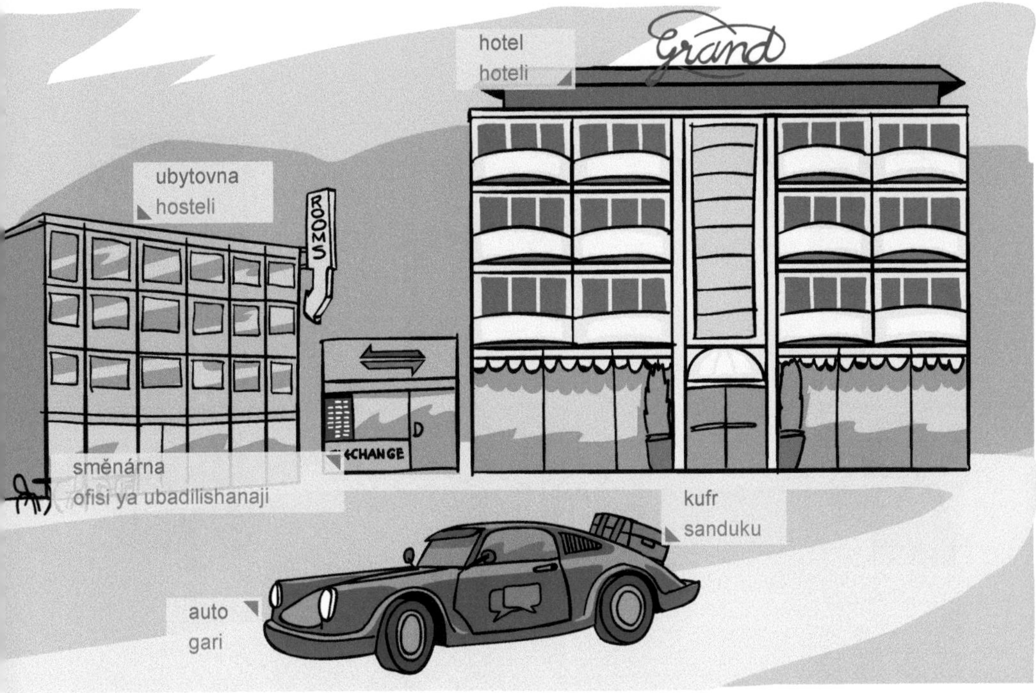

jazyk
lugha

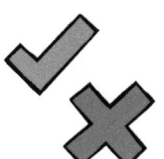

ano / ne
ndiyo / la

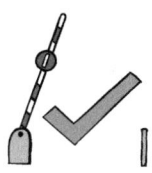

oukej
sawa

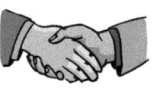

Ahoj!
hujambo

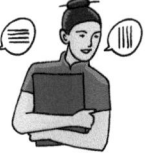

překladatel
mtafsiri

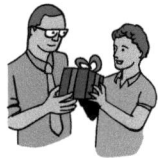

děkuji
Asante

Kolik stojí...?

kiasi gani ni ...?

nerozumím

Sielewi

problém

tatizo

Dobrý večer!

Jioni njema!

Dobré ráno!

Habari za asubuhi!

Dobrou noc!

Usiku mwema!

na shledanou

kwa heri

směr

mwelekeo

zavazadlo

mizigo

taška

mfuko

batoh

shanta

host

mgeni

pokoj

chumba

spací pytel

begi la kulalia

stan

hema

turistické informace

taarifa ya utalii

pláž

ufuo

kreditní karta

kadi

snídaně

kifunguakinywa

oběd

chakula cha mchana

večeře

chakula cha jioni

jízdenka

tiketi

výtah

kuinua

poštovní známka

muhuri

hranice

mpaka

clo

mila

poselství

ubalozi

vízum

visa

pas

pasipoti

# transport
# usafiri

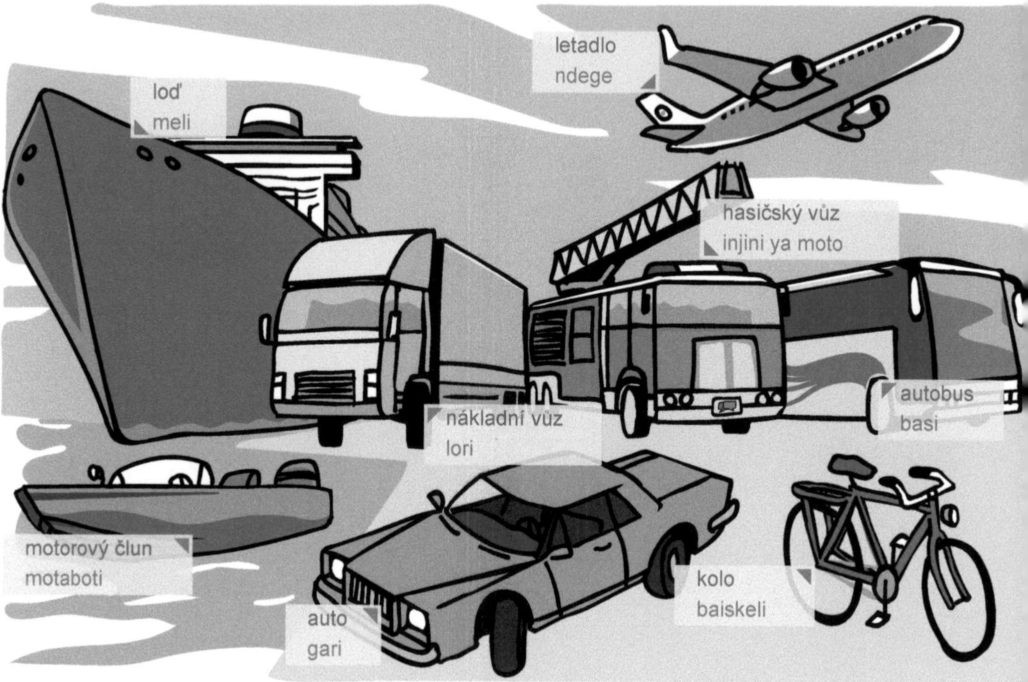

letadlo
ndege
loď
meli
hasičský vůz
injini ya moto
autobus
basi
nákladní vůz
lori
motorový člun
motaboti
kolo
baiskeli
auto
gari


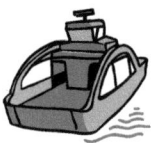

přívoz

feri

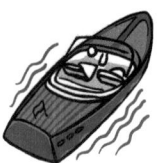

člun

mashua

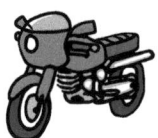

motorka

pikipiki

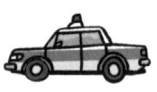

policejní auto

gari la polisi

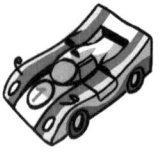

závodní auto

gari la mashindano

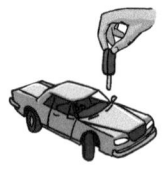

pronajaté auto

gari la kukodisha

sdílení aut

kushiriki gari

odtahová služba

lori la kuvuta

popelářský vůz

ukusanyaji taka

motor

motor

palivo

mafuta

čerpací stanice

kituo cha mafuta

dopravní značka

ishara trafiki

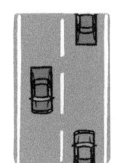

doprava

trafiki

dopravní zácpa

msongamano

parkoviště

maegesho

vlakové nádraží

kituo cha treni

koleje

reli

vlak

garimoshi

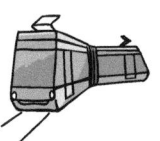

tramvaj

tremu

vagón

gari la mizigo

helikoptéra

helikopta

letiště

uwanja wa ndege

věž

mnara

pasažér

abiria

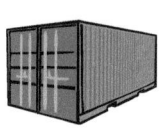

kontejner

chombo

kartón

katoni

trakař

mkokoteni

koš

kikapu

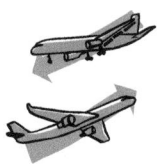

vzlétnout / přistát

ondoka

## město

### jiji

vesnice

kijiji

střed města

katikati ya jiji

dům

nyumba

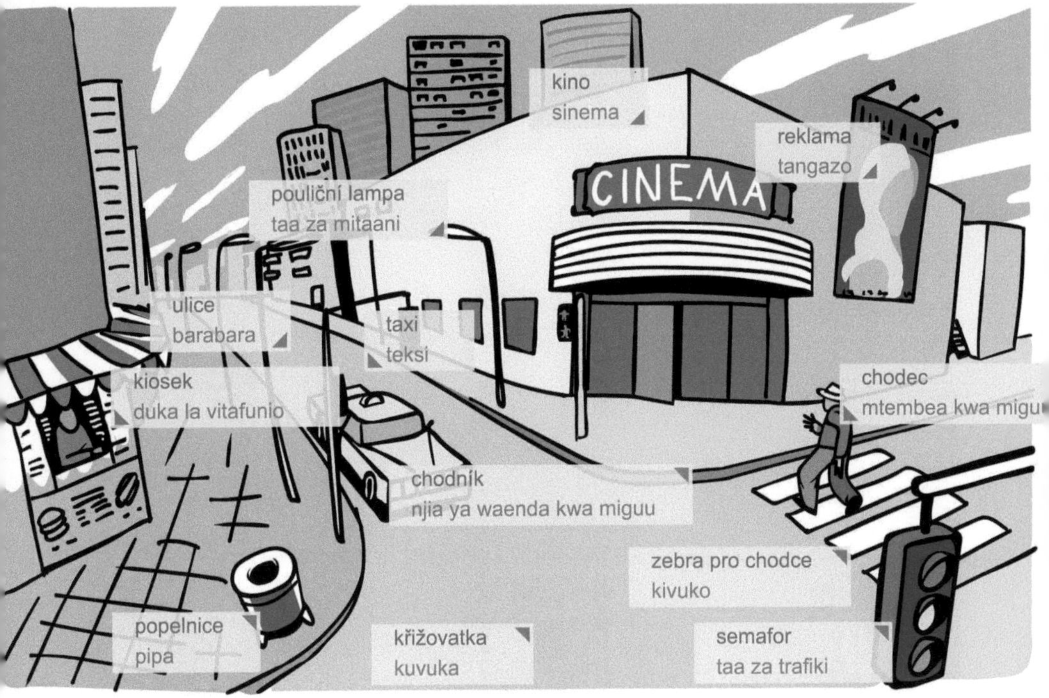

kino
sinema

reklama
tangazo

pouliční lampa
taa za mitaani

CINEMA

ulice
barabara

taxi
teksi

kiosek
duka la vitafunio

chodec
mtembea kwa miguu

chodník
njia ya waenda kwa miguu

zebra pro chodce
kivuko

popelnice
pipa

křižovatka
kuvuka

semafor
taa za trafiki

chata
............
kibanda

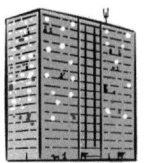

byt
............
gorofa

vlakové nádraží
............
kituo cha treni

radnice
............
ukumbi wa mji

muzeum
............
Makavazi

škola
............
shule

univerzita

chuo kikuu

banka

benki

nemocnice

hospitali

hotel

hoteli

lékárna

duka la dawa

kancelář

ofisi

knihkupectví

duka la kitabu

obchod

duka

květinářství

duka la maua

supermarket

dukakuu

tržnice

soko

obchodní dům

idara ya kuhifadhi

rybárna

mwuza samaki

nákupní centrum

kituo cha ununuzi

přístav

bandari

park

Hifadhi

lavička

benki

most

daraja

schody

vidato

metro

chini ya ardhi

tunel

handaki

autobusová zastávka

kituo cha mabasi

bar

bar

restaurace

mgahawa

poštovní schránka

sanduku la posta

pouliční tabule

ishara ya barabara

parkovací hodiny

mita ya maegesho

zoo

bustani ya wanyama

plovárna

kidimbwi cha kuogelea

mešita

msikiti

usedlost
........
shamba

znečišťování životního
prostředí
........
uchafuzi

hřbitov
........
makaburini

církev
........
kanisa

hřiště
........
uwanja wa michezo

chrám
........
hekalu

## krajina

## mazingira

list
jani

rozcestník
ishara ya mwelekeo

cesta
njia

louka
malisho

kámen
jiwe

turista
mtembeaji wa masafa

strom
mti

řeka
mto

tráva
nyasi

květina
ua

údolí

bonde

hora

kilima

jezero

ziwa

les

msitu

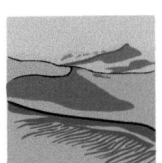

poušť

jangwa

sopka

volkano

zámek

ngome

duha

upinde wa mvua

houba

uyoga

palma

mtende

komár

mbu

moucha

kuruka

mravenec

chungu

včela

nyuki

pavouk

buibui

brouk
mende

žába
chura

veverka
kuchakuro

ježek
nungunungu

zajíc
sungura

sova
bundi

pták
ndege

labuť
swan

divoké prase
nguruwe mwitu

jelen
kulungu

los
aina ya kongoni

přehrada
bwawa

větrné kolo
tabo ya upepo

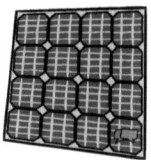

solární panel
nishaji ya jua

podnebí
hali ya hewa

# restaurace
## mgahawa

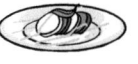

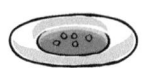

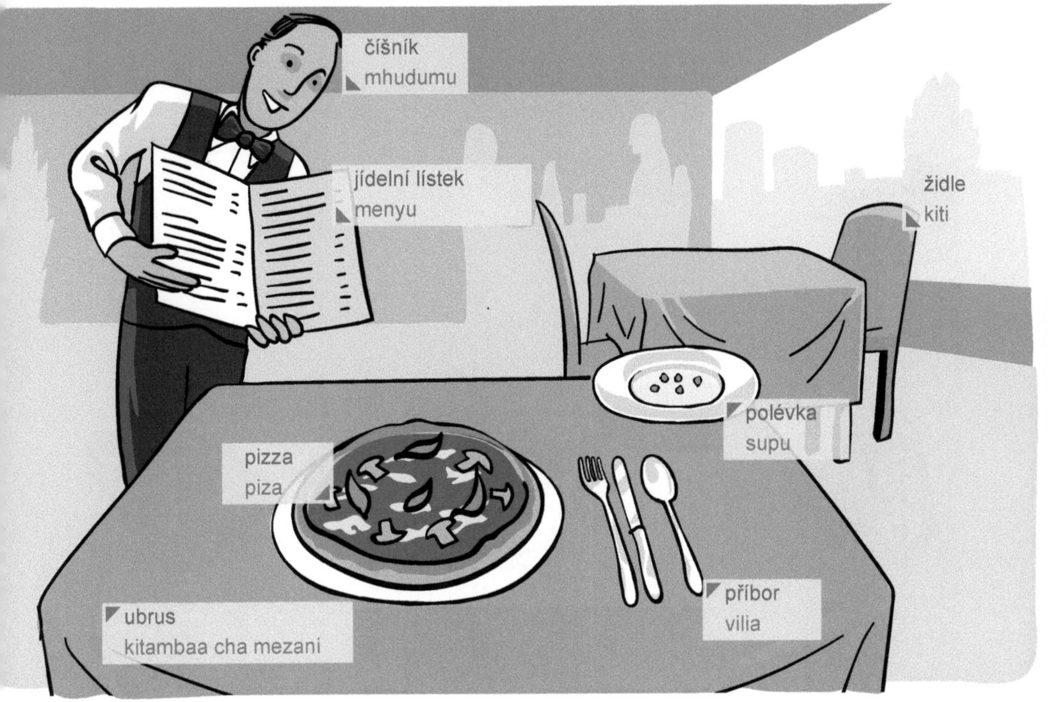

číšník
mhudumu
jídelní lístek
menyu
židle
kiti
polévka
supu
pizza
piza
příbor
vilia
ubrus
kitambaa cha mezani


předkrm
kiamsha hamu

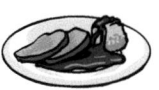

hlavní chod
kozi kuu

dezert
kitindamlo

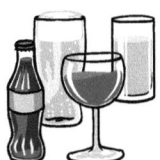

nápoje
vinywaji

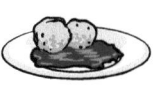

jídlo
chakula

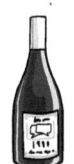

láhev
chupa

rychlé občerstvení

chakula cha haraka

pouliční občerstvení

Streetfood

čajová konvice

buli

cukřenka

kisanduku cha sukari

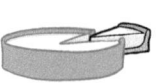

porce

sehemu

kávovar na espresso

mashine ya espresso

dětská stolička

kiti kirefu

faktura

muswada

tác

trei

nůž

kisu

vidlička

uma

lžíce

kijiko

čajová lyžička

kijiko cha chai

ubrousek

nepi

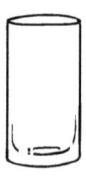

sklenička

glasi

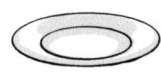

talíř
sahani

talíř na polévku
sahani ya supu

podšálek
sufuria

omáčka
mchuzi

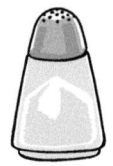

slánka
kichanyaji chumvi

mlýnek na pepř
kinu cha pilipili

ocet
siki

olej
mafuta

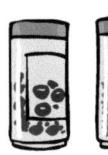

koření
viungo

kečup
kechapu

hořčice
haradali

majonéza
kachumbari nzito

# supermarket
# dukakuu

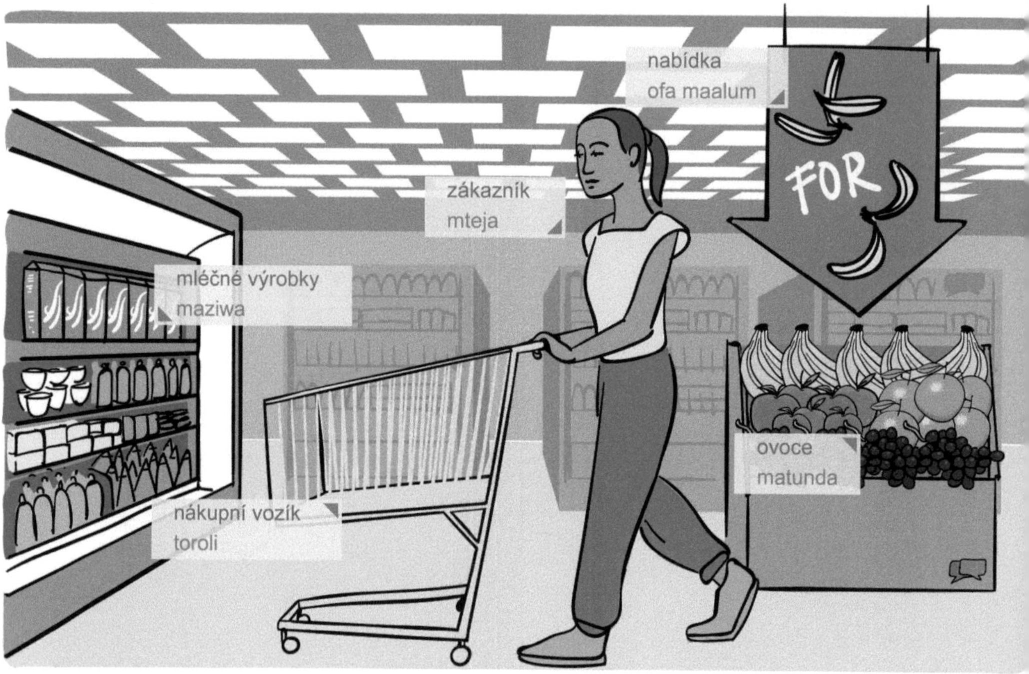

nabídka
ofa maalum
FOR
zákazník
mteja
mléčné výrobky
maziwa
ovoce
matunda
nákupní vozík
toroli


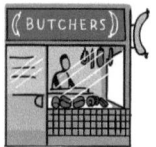

BUTCHERS


masna

mchinjaji

BAKERY


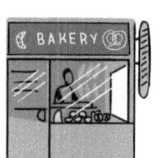

pekařství

mwokaji

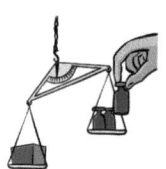

vážit

uzito

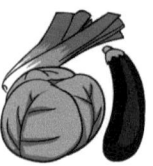

zelenina

mboga

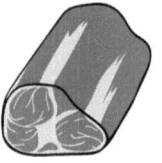

maso

nyama

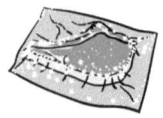

mražené potraviny

chakula waliohifadhiwa

obložený talíř

vipande vya nyama baridi

konzervy

chakula cha kopo

prací prášek

sabuni ya unga

cukrovinky

pipi

výrobky pro domácnost

bidhaa za kaya

čisticí prostředek

bidhaa za kusafisha

prodavačka

mtu mauzo

pokladna

mpaka

pokladní

keshia

nákupní seznam

orodha ya manunuzi

otevírací doba

masaa ya ufunguzi

peněženka

mkoba

kreditní karta

kadi

taška

mfuko

igelitová taška

mfuko wa plastiki

voda

maji

džus

sharubati

mléko

maziwa

kola

coke

víno

mvinyo

pivo

bia

alkohol

pombe

kakao

kakao

čaj

chai

káva

kahawa

espresso

spreso

kapučíno

kapuchino

banán

ndizi

jablko

tufaha

pomeranč

machungwa

meloun

tikiti

citrón

lemon

mrkev

karoti

česnek

kitunguu saumu

bambus

mianzi

cibule

kitunguu

houba

uyoga

ořechy

karanga

těstoviny

nudo

špageti

spageti

rýže

mpunga

salát

saladi

hranolky

vibanzi

americké brambory

viazi vya kukaanga

pizza

piza

hamburger

hambaga

sendvič

sandwichi

řízek

kipande

šunka

paja la mnyama

salám

salami

salám

soseji

kuře

kuku

pečeně

choma

ryby

samaki

ovesné vločky

oats ya uji

müsli

muesli

vločky

cornflakes

mouka

unga

croissant

kroisanti

houska

andazi

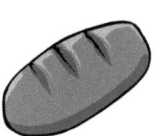

chléb

mkate

toast

mkate wa kubanika

sušenky

biskuti

máslo

siagi

tvaroh

maziwa mgando

buchta

keki

vejce

yai

volské oko

yai kukaanga

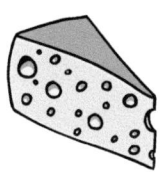

sýr

jibini

jídlo - chakula

zmrzlina

aiskrimu

cukr

sukari

med

asali

marmeláda

jemu

nugátový krém

kuenea kwa chokoleti

kari

mchuzi wa viungo

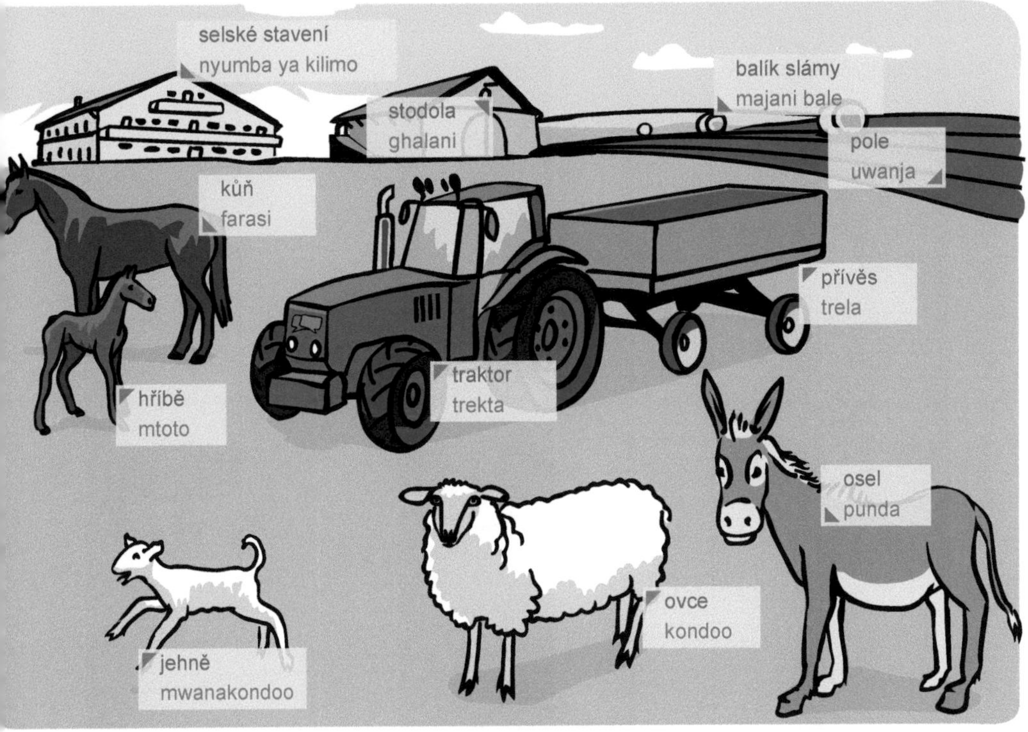

selské stavení
nyumba ya kilimo

balík slámy
majani bale

stodola
ghalani

pole
uwanja

kůň
farasi

přívěs
trela

hříbě
mtoto

traktor
trekta

osel
punda

ovce
kondoo

jehně
mwanakondoo

koza

mbuzi

kráva

ng'ombe

tele

ndama

prase

nguruwe

sele

mwananguruwe

býk

fahali

husa

batabukini

kachna

bata

kuře

kifaranga

slepice

kuku

kohout

jogoo

krysa

panya

kočka

paka

myš

panya

vůl

ng'ombe

pes

mbwa

psí bouda

nyumba ya mbwa

zahradní hadice

bomba la bustani

kropicí konev

debe la kumwagilia maji

kosa

fyekeo

pluh

kulima

srp

mundu

motyka

jembe

vidle

uma wa nyasi

sekera

shoka

kolecko

toroli

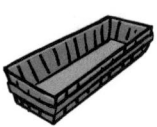

koryto

kupitia nyimbo

konev na mléko

chombo cha maziwa

pytel

gunia

plot

ua

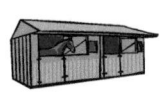

stáj

imara

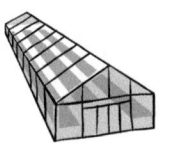

skleník

chafu

půda

udongo

osivo

mbegu

hnojivo

mbolea

kombajn

kivunaji

sklidit

mavuno

sklizeň

mavuno

smldinec

viazi vikuu

pšenice

ngano

sója

soya

brambora

viazi

kukuřice

mahindi

řepka

rapa

ovocný strom

mti wa matunda

maniok

muhogo

obilí

nafaka

# dům
# nyumba

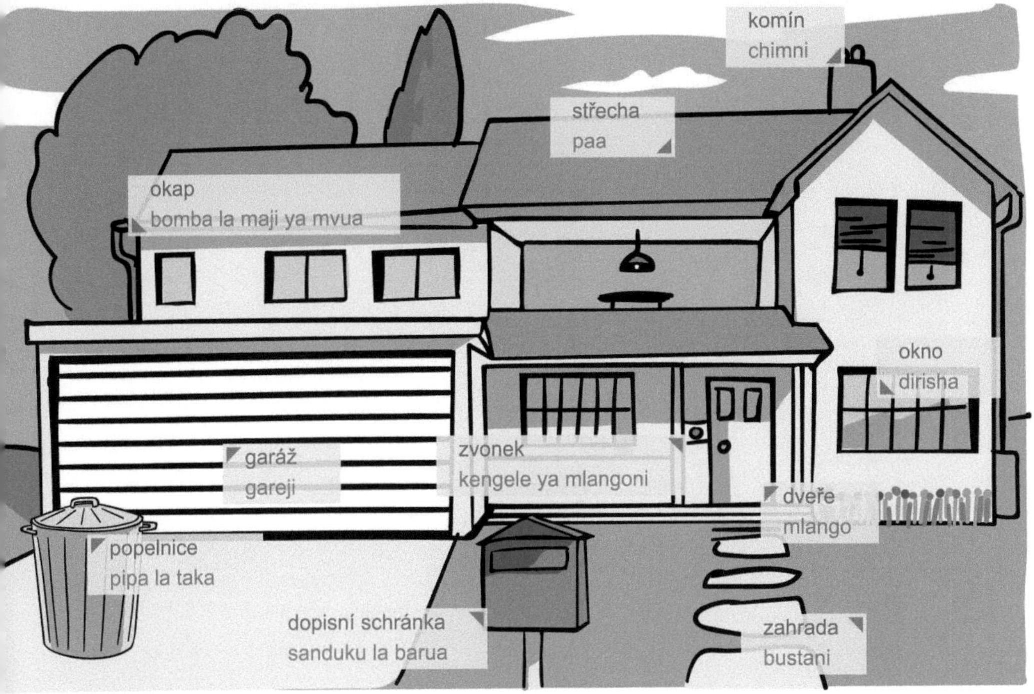
komín
chimni
střecha
paa
okap
bomba la maji ya mvua
okno
dirisha
garáž
gareji
zvonek
kengele ya mlangoni
dveře
mlango
popelnice
pipa la taka
dopisní schránka
sanduku la barua
zahrada
bustani

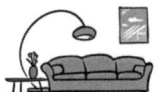

obývací pokoj

sebuleni

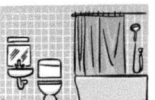

koupelna

bafu

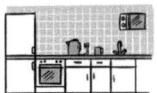

kuchyně

jikoni

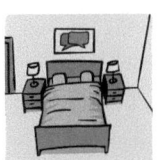

ložnice

chumba cha kulala

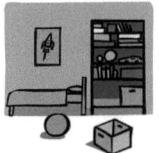

dětský pokoj

chumba ya mtoto

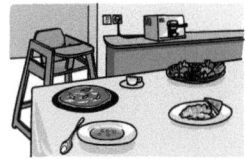

jídelna

chumba cha kulia

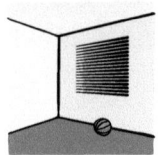

podlaha
sakafu

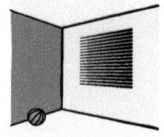

zeď
ukuta

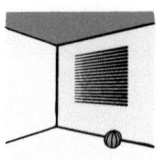

deka
dari

sklep
pishi

sauna
sauna

balkón
roshani

terasa
mtaro

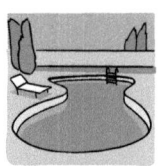

bazén
kidimbwi

sekačka na trávu
mashine ya kukata nyasi

ložní prádlo
karatasi

lůžková přikrývka
kitambaa cha kupamba
kitanda

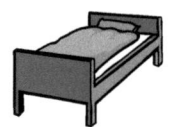

postel
kitanda

smeták
ufagio

kýbl
ndoo

vypínač
kubadili

# obývací pokoj
## sebuleni

tapeta
mandhari
obrázek
picha
žárovka
taa
police
rafu
skříň
kabati
televizor
televisheni/runinga
komín
mekoni
květina
ua
polštář
mto
gauč
sofa
váza
chombo cha maua
dálkový ovladač
kitenzambali


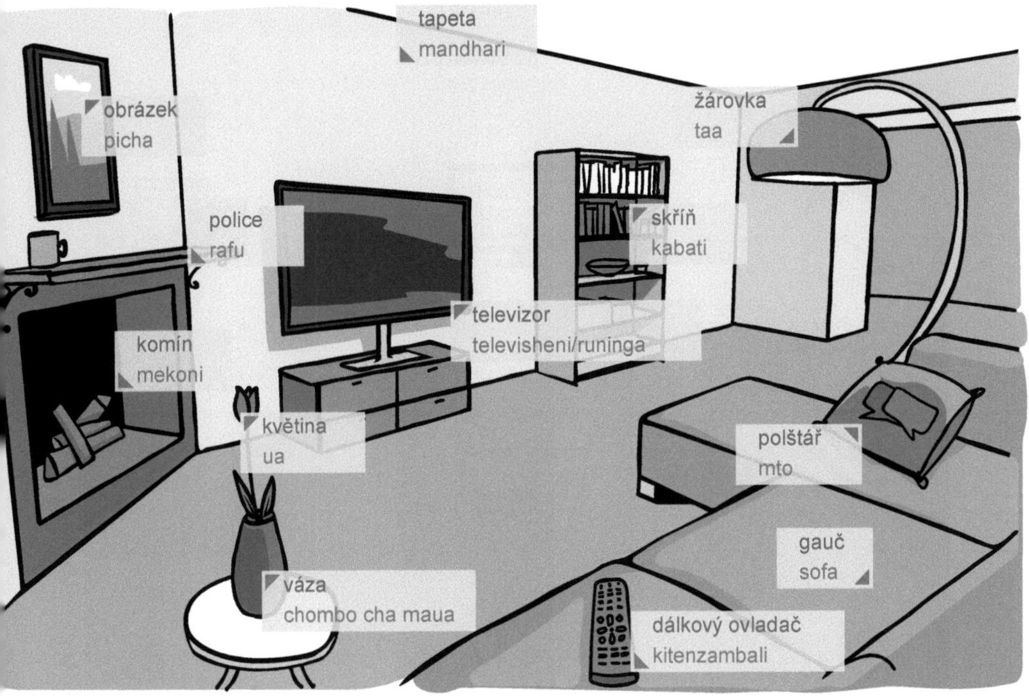

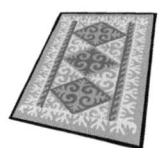

koberec

zulia

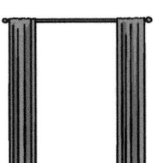

závěs

pazia

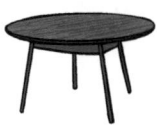

stůl

meza

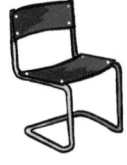

židle

kiti

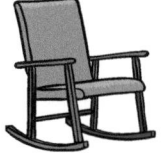

houpací křeslo

kiti cha bembea

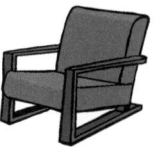

křeslo

armchair

kniha

kitabu

strop

blanketi

ozdoba

mapambo

palivové dříví

kuni

film

filamu

stereo souprava

kifaa cha hi-fi

klíč

ufunguo

noviny

gazeti

malba

uchoraji

plakát

bango

rádio

redio

poznámkový blok

daftari

vysavač

kifyonza

kaktus

dungusi kakati

svíce

mshumaa

# kuchyně

# jikoni

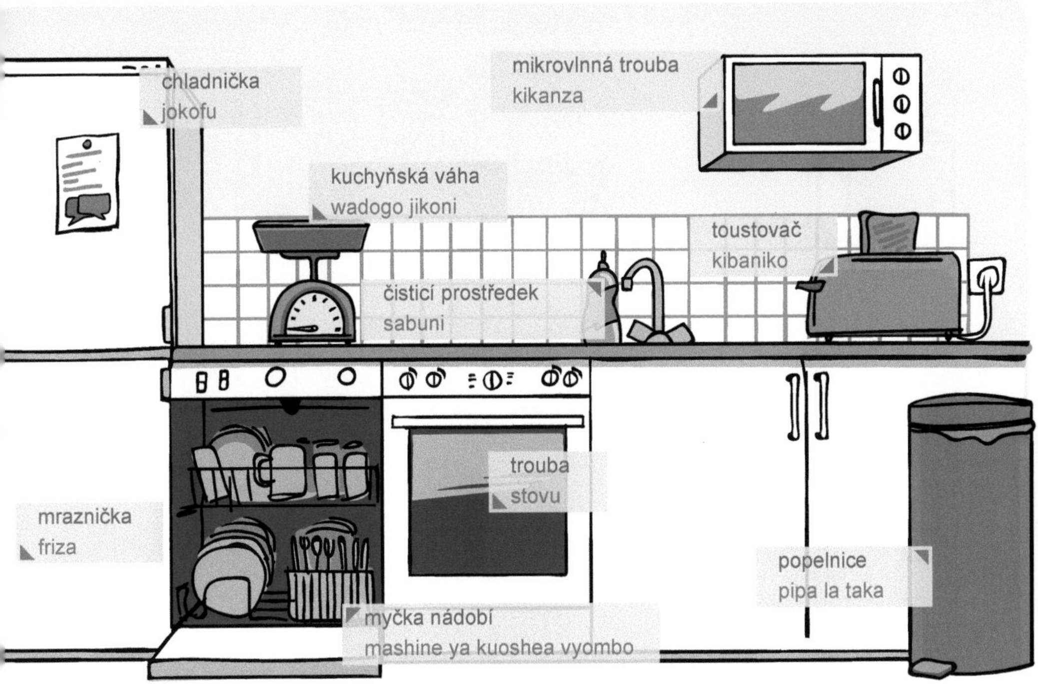
chladnička
jokofu
mikrovlnná trouba
kikanza
kuchyňská váha
wadogo jikoni
toustovač
kibaniko
čisticí prostředek
sabuni
trouba
stovu
mraznička
friza
popelnice
pipa la taka
myčka nádobí
mashine ya kuoshea vyombo

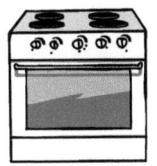

sporák
.....................
jiko la kupika

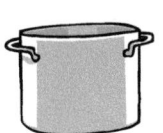

hrnec
.....................
chungu

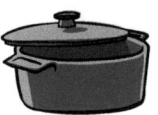

litinový hrnec
.....................
sufuria ya chuma

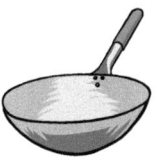

wok / kadai
.....................
wok / kadai

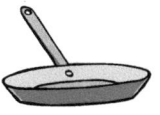

pánev
.....................
kaango

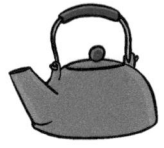

varná konvice
.....................
birika

parní hrnec

stima

plech na pečení

sinia ya kuoka

nádobí

vyombo vya udongo

hrnek

kombe

miska

bakuli

jídelní hůlky

vijiti vya kulia

naběračka

ukawa

obracečka

mwiko mpana

metla

burashi

síto

kichujio

cedník

chujio

struhadlo

mbuzi

hmoždíř

chokaa

gril

barbeque

ohniště

moto wazi

prkénko na krájení

ubao wa majaribio

váleček na těsto

kijiti cha kusukuma unga

vývrtka

kizibuo

dóza

kopo

otvírák na konzervy

inaweza kopo

chňapka

kishikio cha chungu

umyvadlo

karo

kartáč na nádobí

brashi

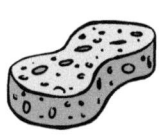

houba

sifongo

mixér

kisagaji matunda

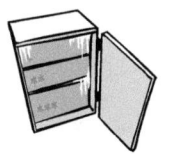

mrazák

friji ya kina

dětská lahev

chupa ya mtoto

kohoutek

bomba

# koupelna
## bafu

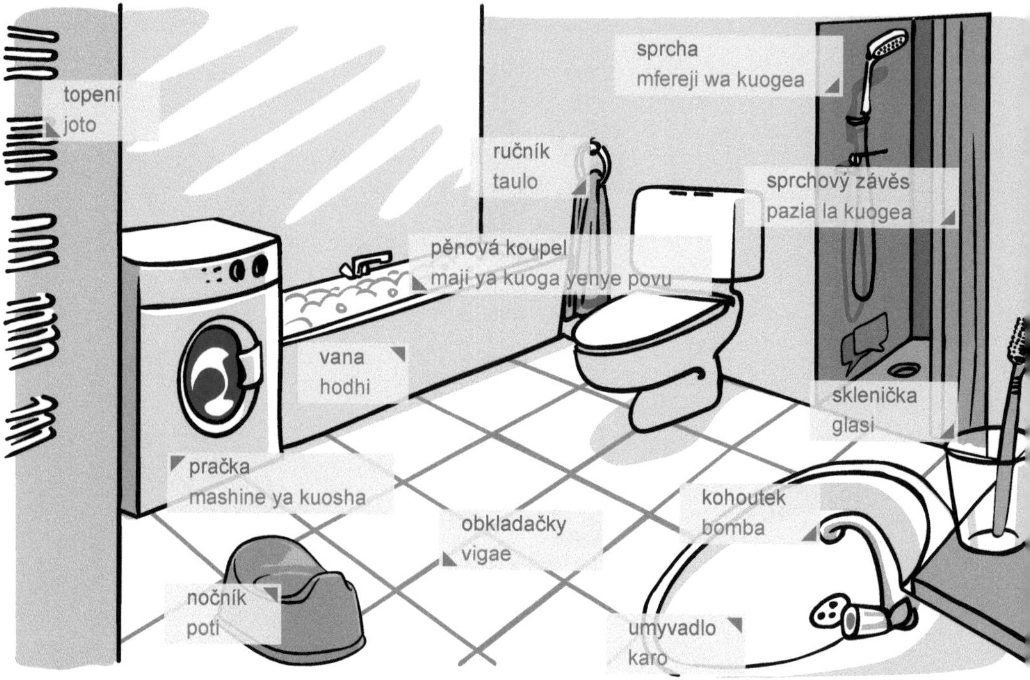

topení
joto
sprcha
mfereji wa kuogea
ručník
taulo
sprchový závěs
pazia la kuogea
pěnová koupel
maji ya kuoga yenye povu
vana
hodhi
sklenička
glasi
pračka
mashine ya kuosha
kohoutek
bomba
obkladačky
vigae
nočník
poti
umyvadlo
karo


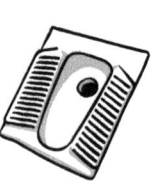

záchod
choo

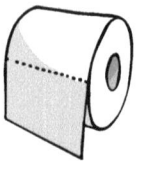

turecký záchod
choo cha squat

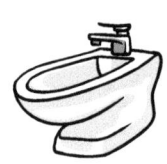

bidet
beseni la mviringo

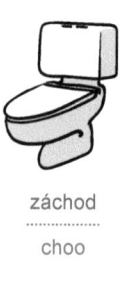

pisoár
choo cha umma

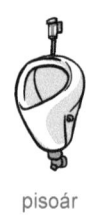

toaletní papír
shashi

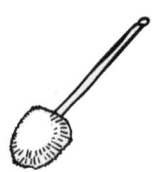

záchodová štětka
brashi ya choo

zubní kartáček

mswaki

zubní pasta

dawa ya meno

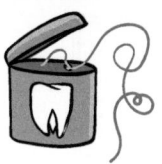

zubní niť

dawa ya meno

mýt

safisha

ruční sprcha

kuoga mkono

intimní sprcha

msukumo wa maji

umyvadlo

bonde

kartáč na záda

mpako wa pili

mýdlo

sabuni

sprchový gel

jeli ya kuogea

šampón

shampuu

žínka

flana

odpad

toa maji

krém

krimu

deodorant

kiondoa harufu

zrcadlo

kioo

kosmetické zrcátko

kioo mkono

holicí strojek

kinyozi

pěna na holení

povu la kunyoa

voda po holení

baada ya kunyoa

hřeben

kichana

kartáč

brashi

fén

kikausha nywele

lak na vlasy

marashi ya nyewele

makeup

vipodozi

rtěnka

kidomwa

lak na nehty

varnish ya msumari

vata

pamba

nůžky na nehty

mkasi wa kucha

parfém

manukato

taška s toaletními potřebami

mkoba wa kuosha

stolička

kinyesi

váha

mizani

župan

nguo ya kuoga

gumové rukavice

glavu za mpira

tampón

kisodo

dámská vložka

sodo

chemická toaleta

kemikali choo

# dětský pokoj
## chumba ya mtoto

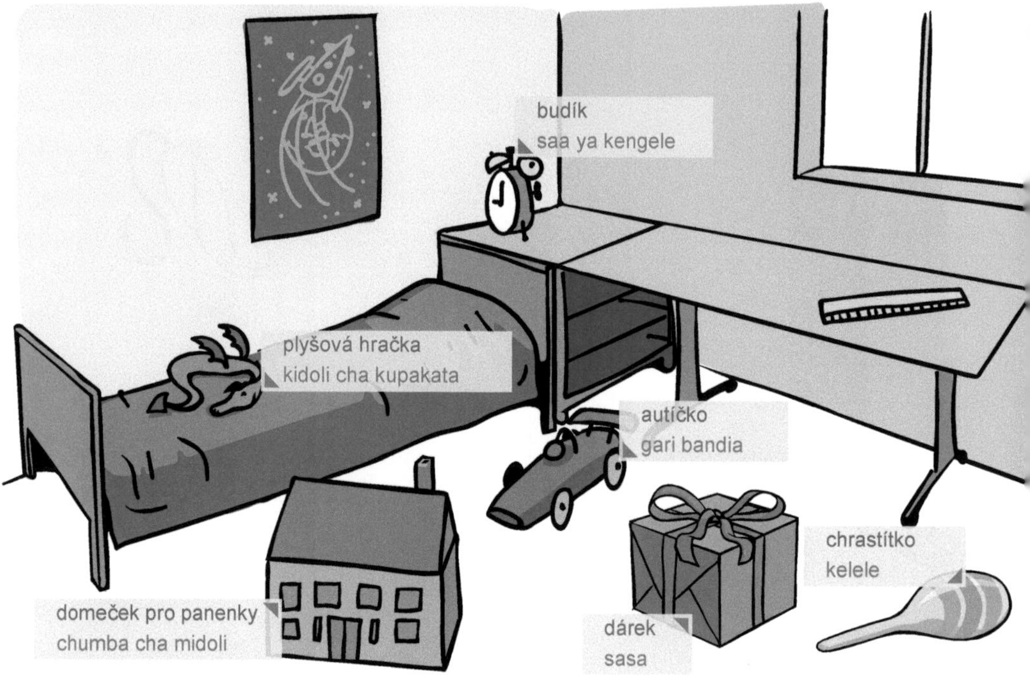
budík
saa ya kengele
plyšová hračka
kidoli cha kupakata
autíčko
gari bandia
chrastítko
kelele
domeček pro panenky
chumba cha midoli
dárek
sasa

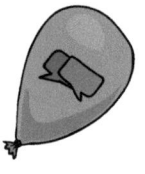

balón

baluni

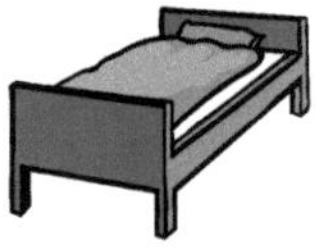

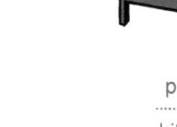

postel

kitanda

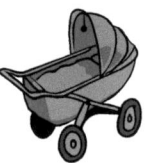

kočárek

mashua

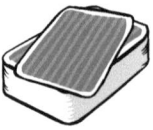

balíček karet

staha ya kadi

puzzle

mchezo-fumb

SUPER MEGA

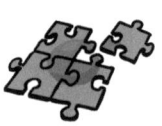

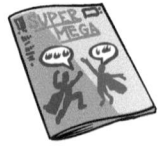

komiks

vichekesho

lego kostky

matofali lego

stavebnice

vitalu mwigo

akční figurka

hatua takwimu

dupačky

suti ya kulalia

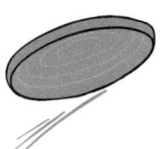

frisbee

kisahani

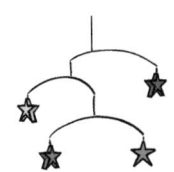

závěsné hračky nad postýlku

simu

desková hra

ubao wa michezo

kostky

kete

modelová železnice

garimoshi mwigo

dudlík

dummy

oslava

chama

obrázková kniha

picha kitabu

míč

mpira

panenka

kikaragosi

hrát si

kucheza

pískoviště

shimo la mchanga

houpačka

bembea

hračky

vitu bandia

hrací konzole

kiweko cha video ya mchezo

tříkolka

baiskeli ya magurudumu

medvídek

mwanasesere

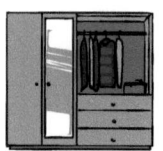

šatník

kabati

matatu

## oblečení

## nguo

ponožky

soksi

punčochy

stokingi

punčochové kalhoty

kibano

šála
skafu

deštník
mwavuli

pásek
ukanda

tričko
fulana

kozačky
viatu

domácí obuv
ndara

tenisky
wakufunzi

sandály
malapa

obuv
viatu

holínky
mabuti ya mpira

spodní prádlo
suruali ya ndani

podprsenka
sidiria

nátělník
fulana

body

mwili

kalhoty

suruali

džíny

dangirizi

sukně

sketi

blůza

blauzi

košile

shati

svetr

vuta

mikina

sweta

blejzr

bleza

bunda

jaketi

kabát

koti

pláštěnka

koti la mvua

kostým

maleba

šaty

gauni

svatební šaty

mavazi ya harusi

oblek

suti

noční košile

vazi la usiku

pyžamo

pajama

sárí

sari

šátek na hlavu

skafu

turban

kilemba

burka

burka

kaftan

kaftan

abája

abaya

plavky

vazi la kuogelea

pánské plavky

vazi la kiume la kuogelea

kraťasy

kaptura

teplákvá souprava

teitei

zástěra

aproni

rukavice

glavu

knoflík

kifungo

brýle

glasi

náramek

bangili

náhrdelník

mkufu

prsten

pete

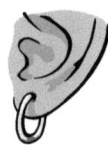

náušnice

herini

čepice

kofia

ramínko

kiango cha koti

klobouk

kofia

kravata

tai

zip

zipu

helma

kofia

kšandy

kanda za suruali

školní uniforma

sare za shule

uniforma

sare

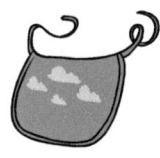

bryndák

bibu

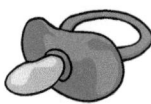

dudlík

dummy

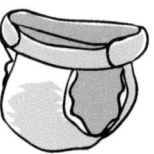

plena

nepi

# kancelář

## ofisi

server
seva
kartotéka
kabati la kuweka faili
tiskárna
kichapishaji
monitor
kiwambo
papír
karatasi
myš
kipanya
psací stůl
dawati
šanon
folda
klávesnice
kibodi
dkový koš na papír
u cha kuweka karatasi chafu
židle
kiti
počítač
kompyuta


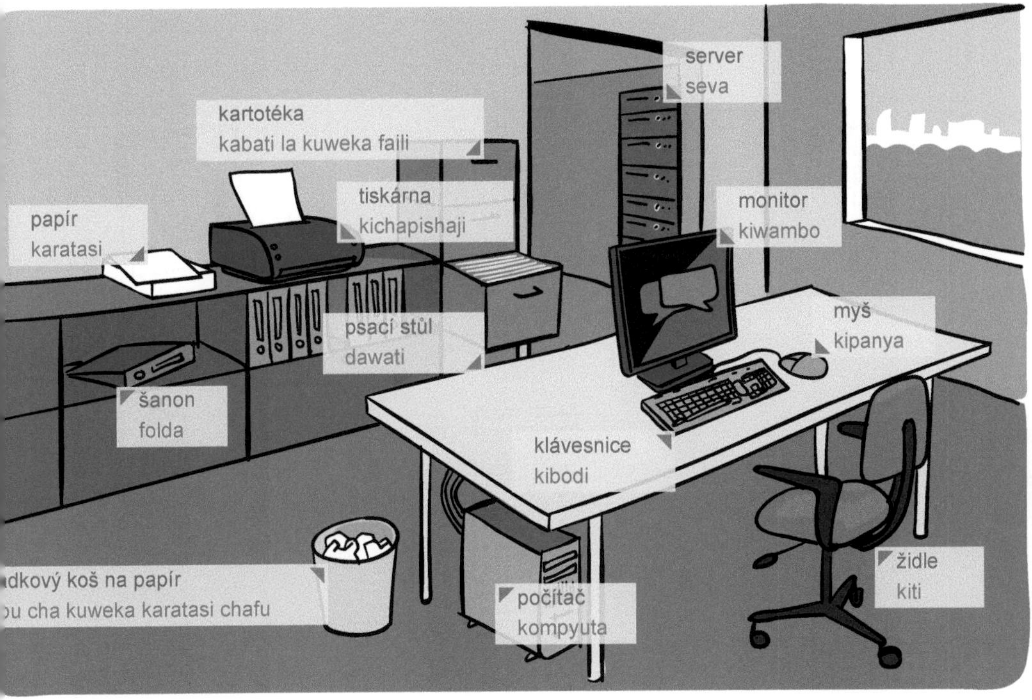

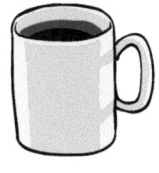

hrnek na kávu

kmobe la kahawa

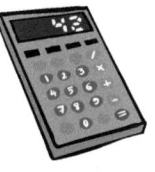

kalkulačka

kikokotoo

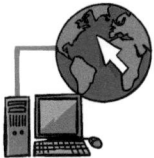

internet

biashara

notebook
mbali

dopis
barua

zpráva
ujumbe

mobil
rununu

síť
intaneti

kopírka
fotokopia

software
programu

telefon
simu

zásuvka
soketi

fax
kipepesi

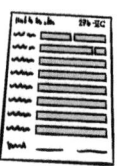

formulář
fomu

dokument
hati

nakupovat

kununua

zaplatit

kulipa

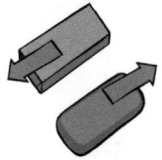

jednat

biashara

peníze

fedha

dolar

dola

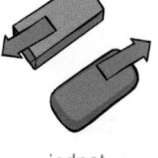

euro

yuro

jen

yeni

rubl

rouble

frank

faranga ya Uswisi

juan

renminbi yuan

rupie

rupia

bankomat

eneo la kulipia

směnárna

ofisi ya ubadilishanaji

zlato

dhahabu

stříbro

fedha

olej

mafuta

energie

nishati

cena

bei

smlouva

mkataba

daň

kodi

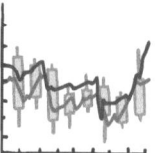

akcie

bidhaa

pracovat

kazi

zaměstnanec

mfanyakazi

zaměstnavatel

mwajiri

továrna

kiwanda

obchod

duka

# povolání
# kazi

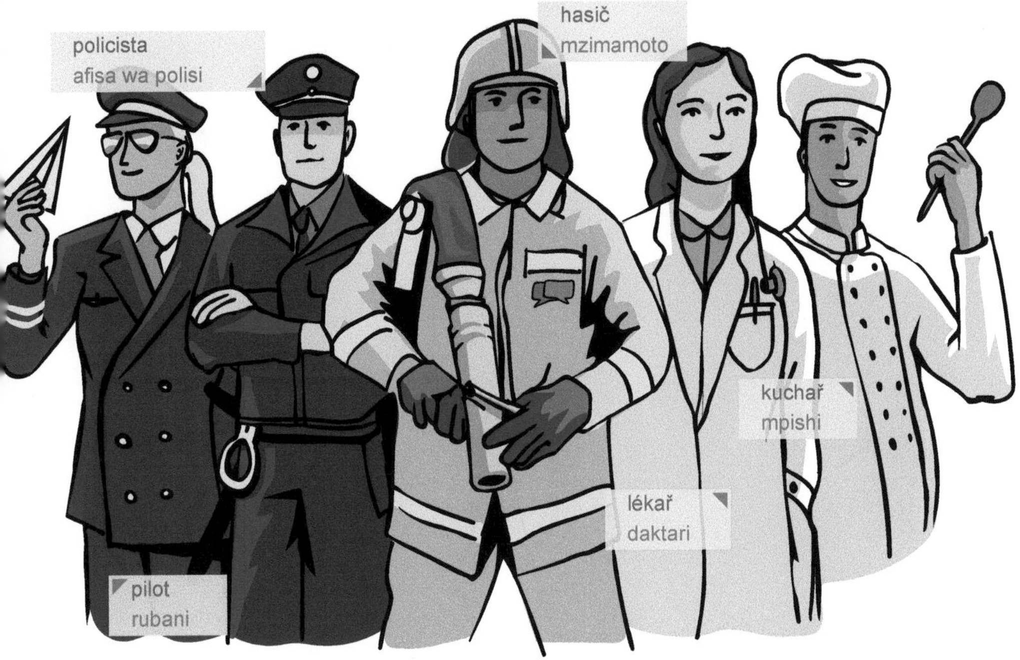
policista
afisa wa polisi
hasič
mzimamoto
kuchař
mpishi
lékař
daktari
pilot
rubani

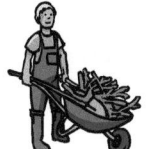

zahradník

mtunza bustani

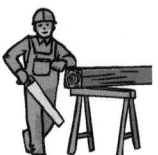

truhlář

seremala

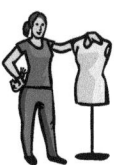

švadlena

mshonaji

soudce

hakimu

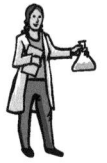

chemik

mwanakemia

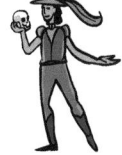

herec

muigizaji

řidič autobusu

dereva wa basi

řidič taxi

dereva wa teksi

rybář

mvuvi

uklízečka

mwanamke wa kusafisha

pokrývač

mwezekaji

číšník

mhudumu

myslivec

mwindaji

malíř

mchoraji

pekař

mwokaji

elektrikář

umeme

stavební dělník

mjenzi

inženýr

mhandisi

řezník

mchinjaji

klempíř

fundi bomba

listonoš

mwanaposta

voják

mwanajeshi

architekt

msanifu majengo

pokladní

keshia

florista

muuza maua

kadeřník

msusi

průvodčí

kondakta

mechanik

mekanika

kapitán

nahodha

zubař

daktari wa meno

vědec

mwanasayansi

rabín

rabbi

imám

imamu

mnich

mtawa

duchovní

kasisi

# nářadí

## zana

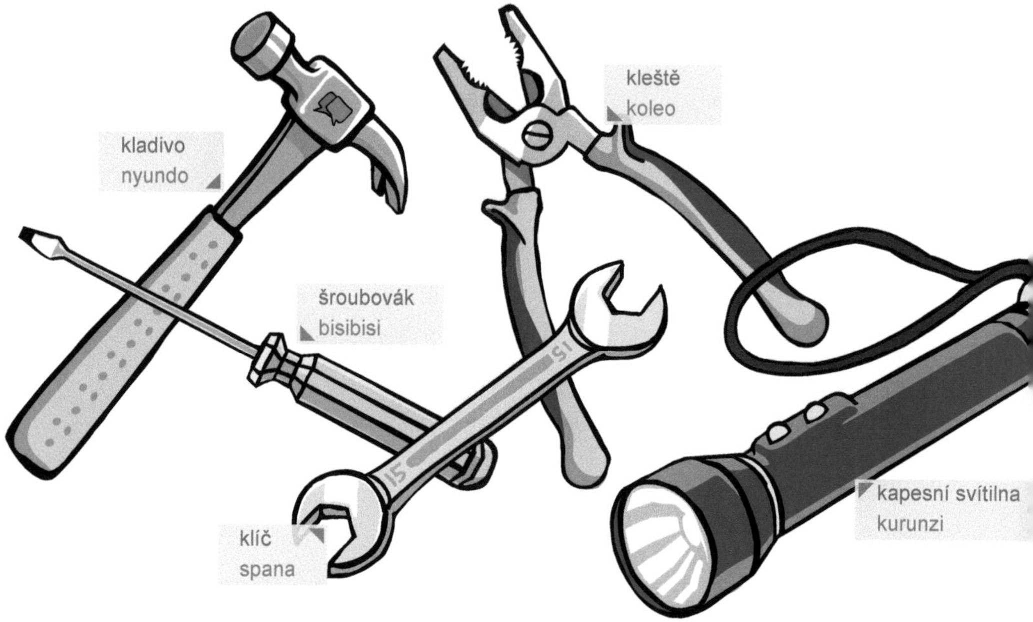

kladivo
nyundo
kleště
koleo
šroubovák
bisibisi
klíč
spana
kapesní svítilna
kurunzi


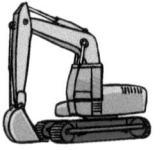

bagr

mchimbaji

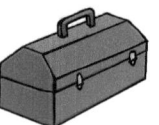

skříň na nářadí

sanduku la vifaa

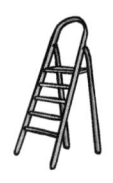

žebřík

ngazi

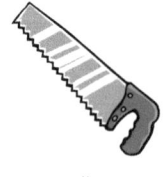

pila

msumeno

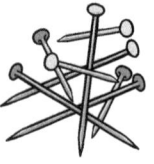

hřebíky

misumari

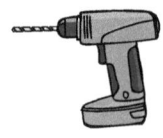

vrtačka

kuchimba visima

opravit

kukarabati

lopata

sepetu

Kurva!

Lo!

lopatka

kishikio cha uchafu

vědroé na barvu

chungu cha rangi

šrouby

skurubu

## hudební nástroje
## ala za muziki

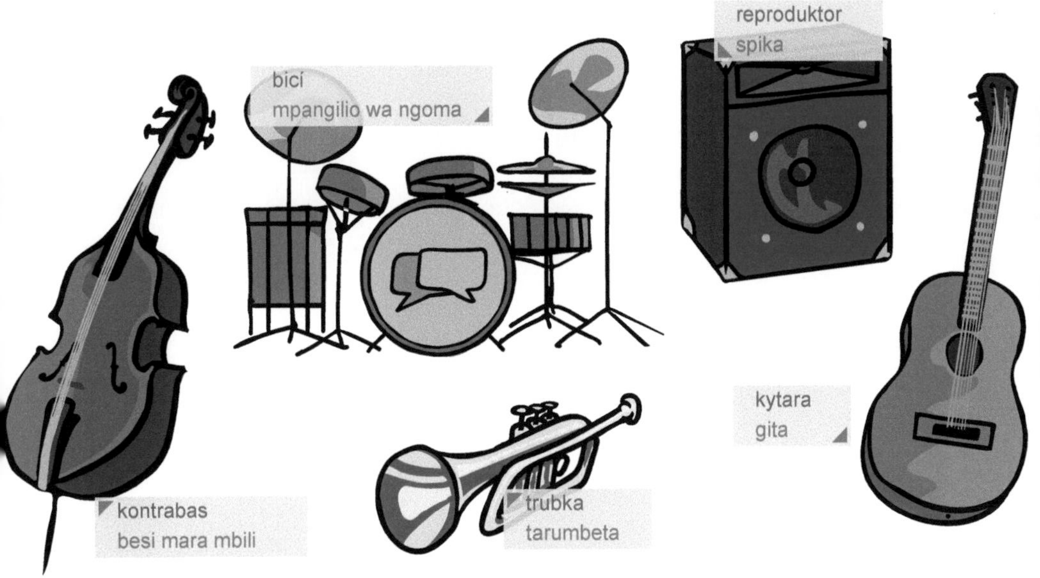

bicí
mpangilio wa ngoma

reproduktor
spika

kytara
gita

kontrabas
besi mara mbili

trubka
tarumbeta

klavír
piano

housle
fidla

basa
ubeji

tympán
timpani

bubny
ngoma

keyboard
kibodi

saxofon
saksafoni

flétna
filimbi

mikrofon
maikrofoni

# bustani ya wanyama

vstup
lango la kuingia

tygr
simbamarara

klec
ngome

zebra
pundamilia

krmivo pro zvířata
chakula cha mifugo

panda
panda

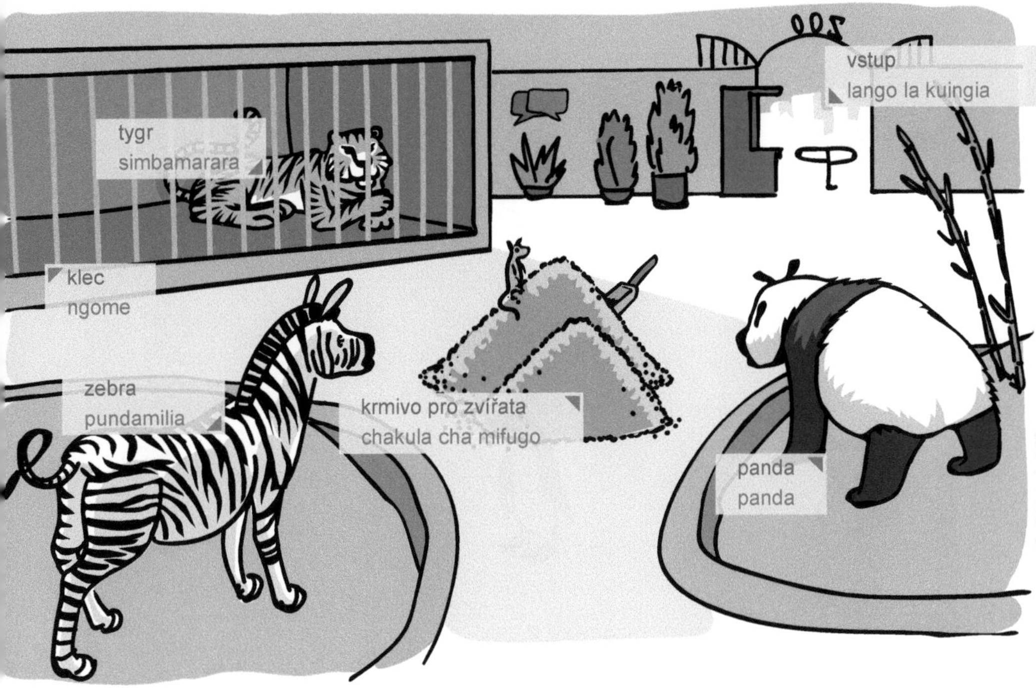

zvířata
wanyama

slon
tembo

klokan
kangaruu

nosorožec
kifaru

gorila
sokwe

medvěd
dubu

velbloud

ngamia

pštros

mbuni

lev

simba

opice

tumbili

plameňák

heroe

papoušek

kasuku

lední medvěd

dubu

tučňák

penguini

žralok

papa

páv

tausi

had

nyoka

krokodýl

mamba

ošetřovatel zvířat

mtunza wanyama

tuleň

muhuri

jaguár

jaguar

zoo - bustani ya wanyama

poník

mwanafarasi

leopard

chui

hroch

kiboko

žirafa

twiga

orel

tai

divoké prase

nguruwe mwitu

ryby

samaki

želva

kobe

mrož

sili

liška

mbweha

gazela

paa

americký fotbal
soka ya marekani

cyklistika
uendeshaji baiskeli

tenis
tenisi

košíková
mpira wa kikapu

plavání
kuogelea

lední hokej
magongo ya barafuni

box
ndondi

kopaná

soka

badminton

vinyoya

lehká atletika

riadha

házená

mpira wa mikono

běh na lyžích

skii

vodní pólo

polo

smát se
cheka

skočit
kuruka

objímat
kumbatia

zpívat
kuimba

jít
kutembea

snít
ota ndoto

modlit se
kuomba

políbit
busu

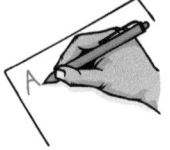

psát

kuandika

kreslit

kuteka

ukazovat

angalia

tlačit

sukuma

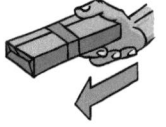

dát

kutoa

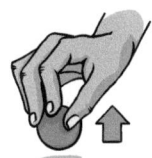

vzít si

kuchukua

mít

kuwa

dělat

fanya

být

kuwa

stát

kusimama

běhat

kukimbia

táhnout

vuta

hodit

kutupa

padat

kuanguka

ležet

hadaa

čekat

kusubiri

nosit

kubeba

sedět

kukaa

oblékat

vaa nguo

spát

usingizi

vzbudit se

kuamka

prohlédnout si

kuangalia

plakat

lia

pohladit

kiharusi

česat

chana nywele

hovořit

ongea

rozumět

kuelewa

ptát se

kuuliza

slyšet

kusikiliza

pít

kunywa

jíst

kula

uklidit

nadhifisha

milovat

upendo

vařit

mpishi

jet

gari

letět

kuruka

plachtit
meli

počítat
kokotoa

číst
kusoma

učit se
kujifunza

pracovat
kazi

vzít si
kuoa

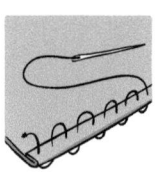

šít
kushona

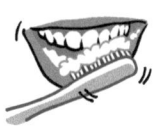

čistit si zuby
piga mswaki

zabít
kuua

kouřit
moshi

poslat
kutuma

babička
bibi

dědeček
babu

otec
baba

matka
mama

dítě
mtoto

dcera
binti

syn
bin

host

mgeni

teta

shangazi

strýc

mjomba

bratr

kaka

sestra

dada

# tělo
## mwili

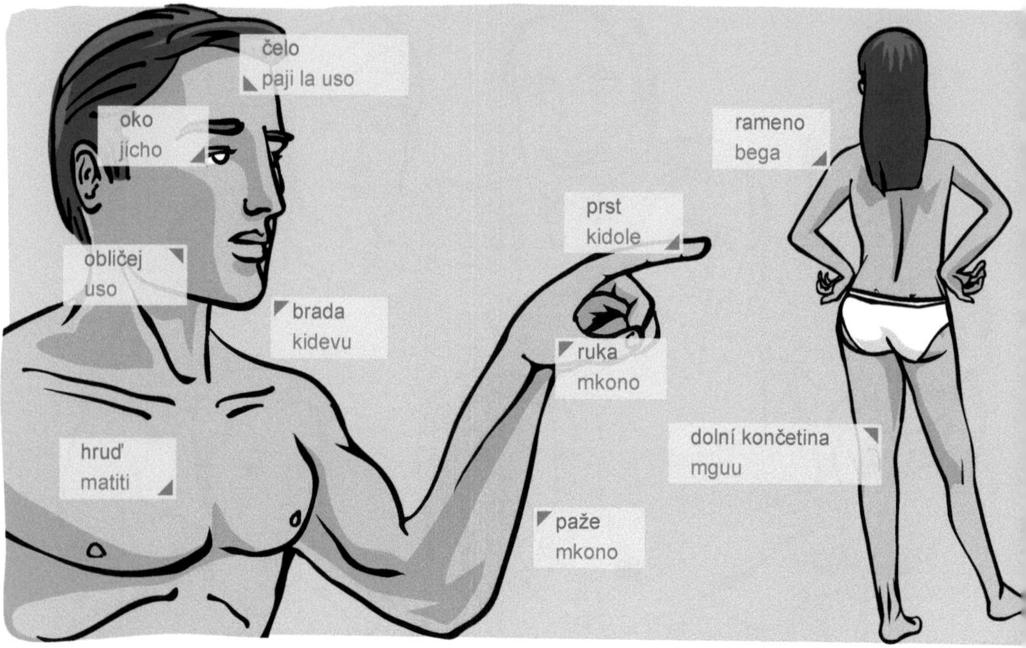

čelo
paji la uso

oko
jicho

rameno
bega

prst
kidole

obličej
uso

brada
kidevu

ruka
mkono

hruď
matiti

dolní končetina
mguu

paže
mkono

dítě
mtoto

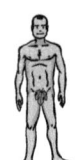

muž
mwanamume

žena
mwanamke

dívka
msichana

chlapec
mvulana

hlava
kichwa

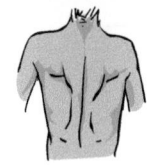

záda
...............
nyuma

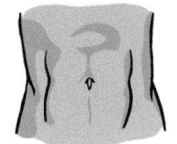

břicho
...............
tumbo

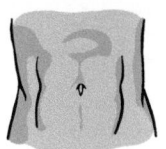

pupík
...............
kitovu

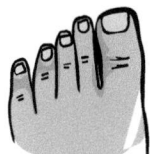

prst na noze
...............
chano

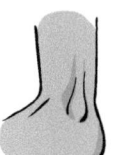

pata
...............
kisigino

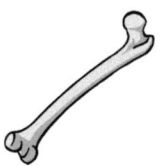

kost
...............
mfupa

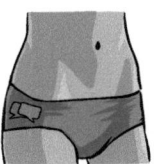

bok
...............
nyonga

koleno
...............
goti

loket
...............
kiwiko

nos
...............
pua

zadek
...............
chini

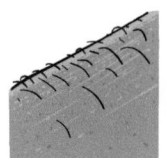

kůže
...............
ngozi

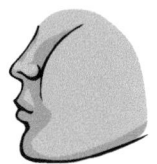

tvář
...............
shavu

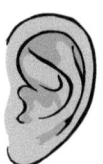

ucho
...............
sikio

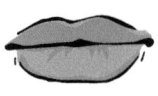

ret
...............
mdomo

ústa
kinywa

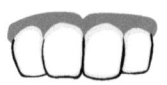

zub
jino

jazyk
ulimi

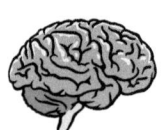

mozek
ubongo

srdce
moyo

sval
misuli

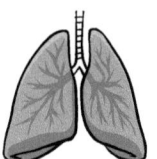

plíce
pafu

játra
ini

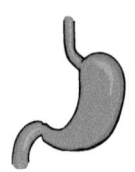

žaludek
tumbo

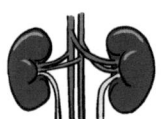

ledviny
figo

pohlavní styk
jinsia

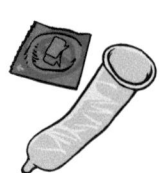

kondom
kondomu

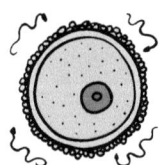

vajíčko
ovari

sperma
shahawa

těhotenství
mimba

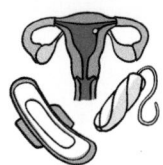

menstruace
................
hedhi

vagina
................
uke

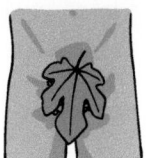

penis
................
uume

obočí
................
unyusi

vlasy
................
nywele

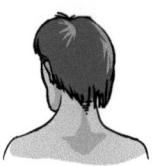

krk
................
shingo

# nemocnice
# hospitali

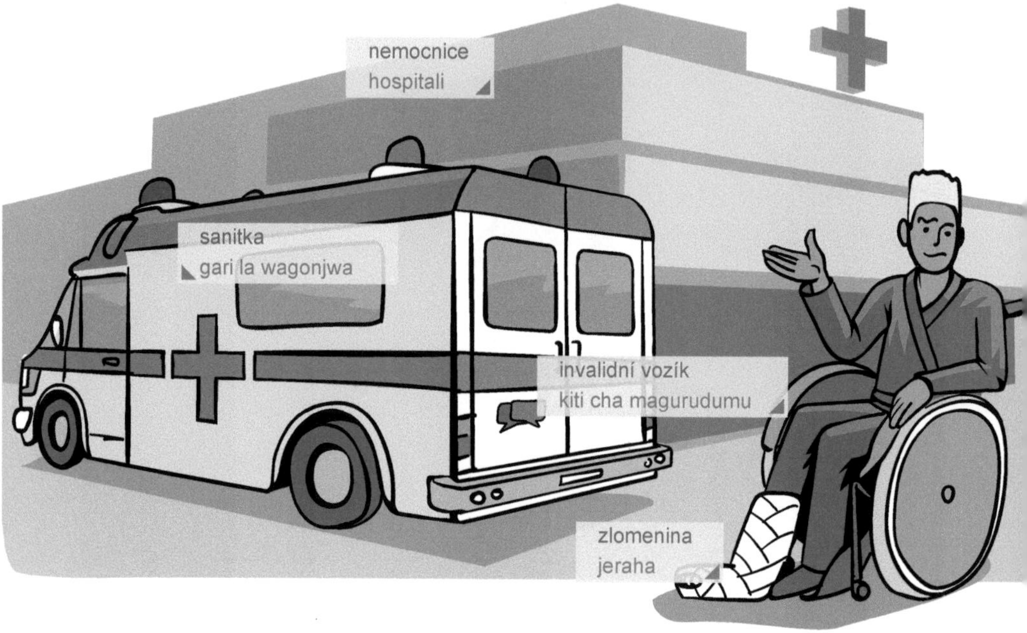

nemocnice
hospitali
sanitka
gari la wagonjwa
invalidní vozík
kiti cha magurudumu
zlomenina
jeraha

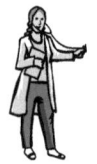

lékař
daktari

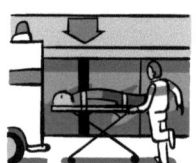

pohotovost
chumba cha dharura

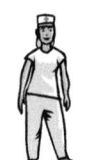

zdravotní sestra
muuguzi

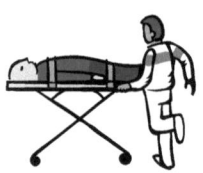

urgentní případ
dharura

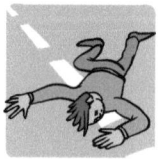

v bezvědomí
kupoteza fahamu

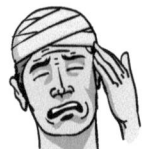

bolest
maumivu

úraz

kuumia

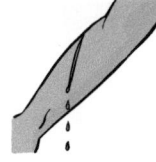

krvácení

kutokwa na damu

infarkt myokardu

mshtuko wa moyo

cévní mozková příhoda

kiharusi

alergie

mzio

kašel

kikohozi

horečka

homa

chřipka

mafua

průjem

kuharisha

bolest hlavy

maumivu ya kichwa

rakovina

kansa

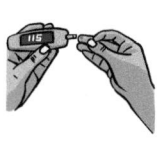

cukrovka

ugonjwa wa kisukari

chirurg

daktari mpasuaji

skalpel

kisu kidogo cha kupasulia

operace

operesheni

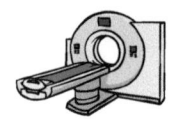

CT

picha changanufu ya mwili

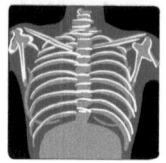

rentgen

Eksrei

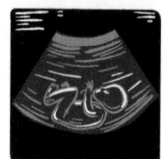

ultrazvuk

mawimbi sauti

maska

barakoa ya uso

nemoc

ugonjwa

čekárna

chumba cha kusubiri

berle

mkongojo

náplast

plasta

obvaz

bendeji

injekce

sindano

stetoskop

stetoskopu

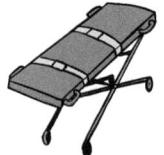

nosítka

machela

teploměr

kipimajoto cha kliniki

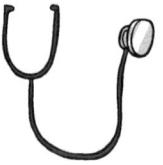

porod

kuzaliwa

nadváha

unene kupita kiasi

nemocnice - hospitali

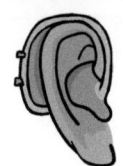

naslouchátko

kusikia misaada

dezinfekční prostředek

kipukusi

infekce

maambukizi

virus

virusi

HIV / AIDS

VVU / UKIMWI

lékařství

dawa

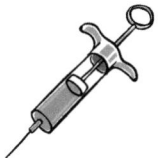

očkování

chanjo

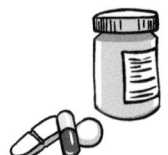

tablety

vidonge

pilulka

kidonge

tísňové volání

simu ya dharura

tonometr

haemodainamometa

nemocný / zdravý

mgonjwa / mwenye afya

Pomoc!

Msaada!

poplach

kengele

přepadení

pigo

napadení

shambulizi

nebezpečí

hatari

nouzový východ

lango la dharura

Hoří!

Moto!

hasicí přístroj

kizima moto

nehoda

ajali

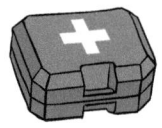

zdravotnická brašna

vifaa vya huduma ya
kwanza

SOS

wito wa msaada

policie

polisi

Evropa

Ulaya

Severní Amerika

Amerika ya Kaskazini

Jižní Amerika

Amerika ya Kusini

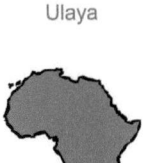

Afrika

Afrika

Asie

Asia

Austrálie

Australia

Atlantik

Atlantiki

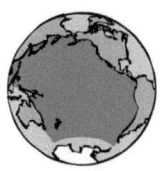

Pacifik

Pasifiki

Indický oceán

Bahari ya Hindi

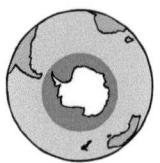

Jižní ledový oceán

Bahari ya Antaktiki

Severní ledový oceán

Bahari ya Aktiki

severní pól

Ncha ya Kaskazini

jižní pól
Ncha ya Kusini

Antarktida
Antaktika

země
dunia

pevnina
nchi

moře
bahari

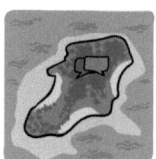

ostrov
kisiwa

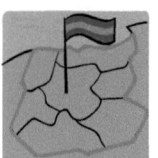

národ
taifa

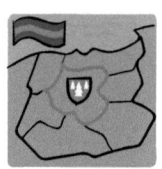

stát
jimbo

ciferník

uso wa saa

hodinová ručička

akrabu ya saa

minutová ručička

akrabu ya dakika

vteřinová ručička

akrabu ya sekunde

Kolik je hodin?

Ni saa ngapi?

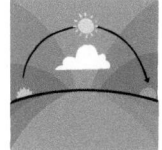

den

siku

čas

wakati

teď

sasa

digitální hodinky

saa ya dijitali

minuta

dakika

hodina

saa

| | | |
|---|---|---|
| pondělí Jumatatu **MO** | středa Jumatano **W** | pátek ljumaa **FR** |
| **TU** úterý Jumanne | **TH** sobota Jumamosi | **SA** |
| | čtvrtek Alhamisi | **SO** neděle Jumapili |

| | | |
|---|---|---|
| včera | dnes | zítra |
| jana | leo | kesho |

| | | |
|---|---|---|
| ráno | poledne | večer |
| asubuhi | saa sita mchana | jioni |

| | |
|---|---|
| pracovní dny | víkend |
| siku za biashara | mwishoni mwa wiki |

déšť
mvua

duha
upinde wa mvua

vítr
upepo

sníh
theluji

jaro
majira ya machipuko

podzim
vuli

léto
kiangazi

zima
majira ya baridi

| | | |
|---|---|---|
| 4.APRIL | 11° | ☀ |
| 5.APRIL | 4° | |
| 6.APRIL | 13° | |
| 7.APRIL | 8° | ☀ |
| 8.APRIL | 10° | ☀ |

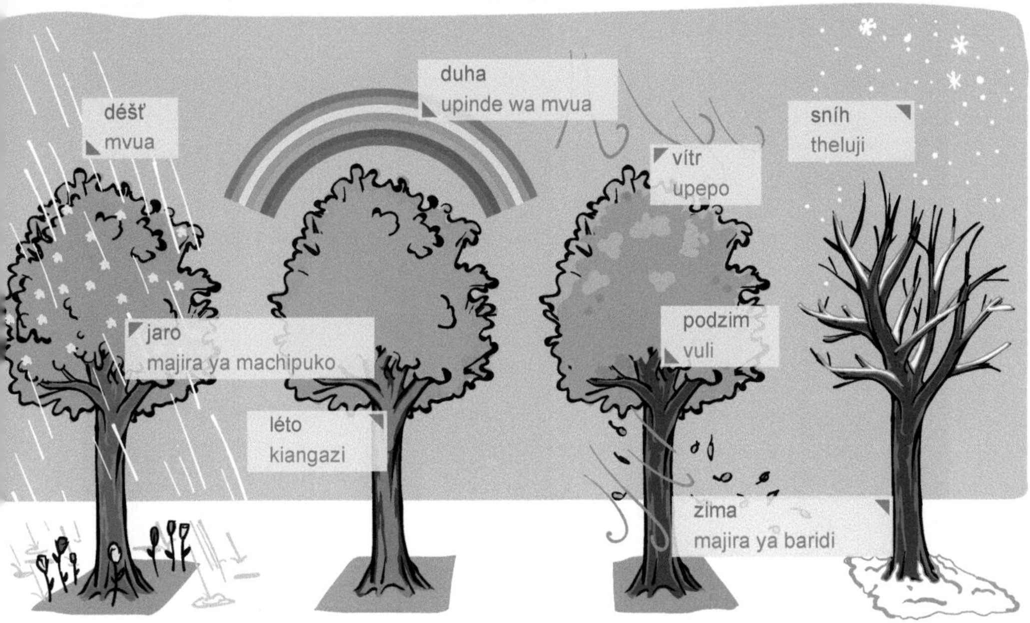

předpověď počasí

utabiri wa hali ya hewa

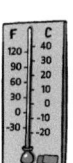

teploměr

kipimajoto

sluneční svit

mwanga wa jua

mrak

wingu

mlha

ukungu

vlhkost

unyevu

blesk

umeme

hrom

radi

bouřka

dhoruba

kroupy

mvua ya mawe

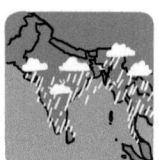

monzun

monsuni

povodeň

mafuriko

led

barafu

leden

Januari

únor

Februari

březen

Machi

duben

Aprili

květen

Mei

červen

Juni

červenec

Julai

srpen

Agosti

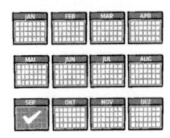

září
...............
Septemba

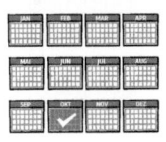

říjen
...............
Oktoba

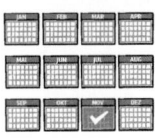

listopad
...............
Novemba

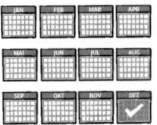

prosinec
...............
Desemba

kruh
...............
mduara

čtverec
...............
mraba

obdélník
...............
mstatili

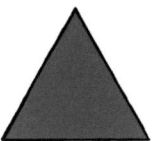

trojúhelník
...............
pembetatu

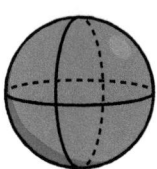

koule
...............
nyanja

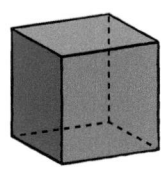

krychle
...............
mchemraba

bílá

nyeupe

žlutá

manjano

oranžová

chungwa

růžová

rangi ya waridi

červená

nyekundu

fialová

hudhurungi

modrá

bluu

zelená

kijani

hnědá

hanja

šedá

jivujivu

černá

nyeusi

hodně / málo

mengi / kidogo

rozzuřený / mírumilovný

hasira / pole

krásný / ošklivý

nzuri / mbaya

začátek / konec

mwanzo / mwisho

velký / malý

kubwa / ndogo

světlý / tmavý

angavu / giza

bratr / sestra

kaka / dada

čistý / špinavý

safi / chafu

úplný / neúplný

kamilika / tokamilika

den / noc

siku / usiku

mrtvý / živý

wafu / hai

široký / úzký

pana / nyembamba

jedlý / nejedlý

kulika / kutolika

zlý / hodný

ovu / ema

vzrušený / znuděný

sisimkwa / udhika

tlustý / hubený

nene / nyembamba

nejdříve / naposledy

kwanza / mwisho

přítel / nepřítel

rafiki / adui

plný / prázdný

jaa / tupu

tvrdý / měkký

ngumu / laini

těžký / lehký

nzito / nyepesi

hlad / žízeň

njaa / kiu

nemocný / zdravý

mgonjwa / mwenye afya

ilegální / legální

haramu / kisheria

inteligentní / hloupý

akili / kijinga

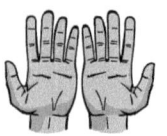

vlevo / vpravo

kushoto / kulia

blízko / daleko

karibu / mbali

nový / použitý

mpya / kutumika

nic / něco

kitu / jambo

starý / mladý

zee / changa

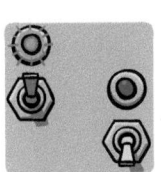

zapnutý / vypnutý

waka / zima

otevřeno / zavřeno

wazi / fungwa

tichý / hlasitý

utulivu / kelele

bohatý / chudý

tajiri / masikini

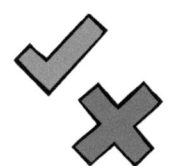

správný / špatný

sahihi / kosa

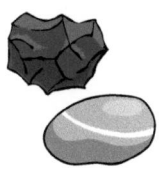

drsný / hladký

mbaya / laini

smutný / šťastný

huzunika / furahia

krátký / dlouhý

fupi /ndefu

pomalý / rychlý

polepole / haraka

vlhký / suchý

nyevu / kavu

teplý / chladný

joto / baridi

válka / mír

vita / amani

**0**

nula
.................
sufuri

**1**

jedna
.................
moja

**2**

dva
.................
mbili

**3**

tři
.................
tatu

**4**

čtyři
.................
nne

**5**

pět
.................
tano

**6**

šest
.................
sita

**7**

sedm
.................
saba

**8**

osm
.................
nane

**9**

devět
.................
tisa

**10**

deset
.................
kumi

**11**

jedenáct
.................
kumi na moja

**12**

dvanáct

kumi na mbili

**13**

třináct

kumi na tatu

**14**

čtrnáct

kumi na nne

**15**

patnáct

kumi na tano

**16**

šestnáct

kumi na sita

**17**

sedmnáct

kumi na saba

**18**

osmnáct

kumi na nane

**19**

devatenáct

kumi na tisa

**20**

dvacet

ishirini

**100**

sto

mia

**1.000**

tisíc

elfu

**1.000.000**

milion

milioni

angličtina

Kiingereza

americká angličtina

Kiingereza cha Marekani

standardní čínština

Kimandarini cha Uchina

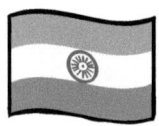

hindština

Kihindi

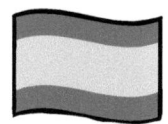

španělština

Kihispania

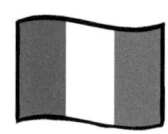

francouzština

Kifaransa

arabština

Kiarabu

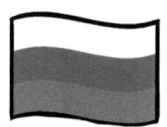

ruština

Kirusi

portugalština

Kireno

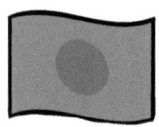

bengálština

Kibengali

němčina

Kijerumani

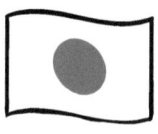

japonština

Kijapani

já

mimi

ty

wewe

on / ona / ono

yeye / yeye / ni

my

sisi

vy

wewe

oni

wao

Kdo?

nani?

Co?

nini?

Jak?

jinsi gani?

Kde?

wapi?

Kdy?

lini?

jméno

jina

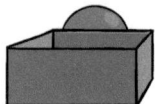

za
............
nyuma

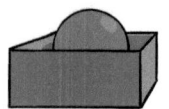

do
............
katika

z
............
mbele ya

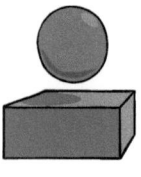

nad
............
juu ya

na
............
kwenye

mezi
............
chini ya

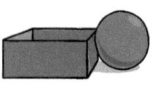

vedle
............
kando

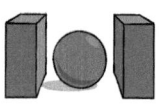

mezi
............
kati

místo
............
mahali